JN410458

잉크가 마르기 전

박정선 시집

문학의전당 시인선
0325

잉크가 마르기 전

박정선 시집

문학의전당

시인의 말

잡힐 듯 잡히지 않는
신화 속 그림자 찾아 헤매던 날들이었다.

잠든 아니무스 가면 속

타협은 언제나 위험했다.

2020년 4월
박정선

차례

제2부

제3부

제1부

반칙

여자는 오늘도 방구석에 처박혀 있다 불 꺼진 밤이 몇 달째 창문에 붙어 있다 건네는 빈말도 사라진 지 오래다 쌓인 먼지 사이로 문틈을 드나드는 바퀴벌레 흔적뿐 아무도 없다 전자파에 시들어가는 자궁 밑으로 황소바람이 분다

감전된 여자의 방에 눈이 내린다 밤마다 쌓인 눈을 치우는 남자, 그러나 눈이 녹을 때까지 버스는 오지 않는다 맨발로 별을 캐러 간 여자의 비명 소리가 멈추자 검은 커튼이 닫힌다

떨어진다, 자궁에서 별이 떨어진다

판도라 상자를 열어본 남자의 반칙은 잔인했다

한 번의 반칙,
그 후론 영원히 밤이다

트라우마

바위에 던져버렸다

떨어진 나뭇잎이 돌 틈 사이로 흘러내렸다
새끼손가락이 아렸다
어둠 속으로 떠난 자리가 텅 비었다

의사 처방은 언제나 알약이 전부였다
주사를 맞는 날엔 꿈속에서 동공이
작은 공원으로 굴러다녔고
나뭇잎이 뒤집어지는 소리만 들렸다

몸을 지탱하는 하얀 벽과 천장은 소독 냄새로 가득했다
문을 두드리는 소리 아득했다
언제나 빈손만 내밀 뿐 아무 말이 없다

종일 그림자 주변을 맴돌다 주사 바늘에 찔린다
차가운 눈빛 속으로 약물이 흐른다

엄마, 약을 먹어도 낫지 않아요
저기 자라지 않은 어린아이가 울고 있어요

엄마가 울고 있어요

하지만

이러한 행복은 오래 가지 못했다

어찌 알 수 있는가
빠질 수밖에

잠겨 있던 물속 법칙이
굴절된 햇빛에 매달려
쏟아진다 쏟아진다

시월은 검은 차도르를 썼다
스님 한 마디는 계절의 중심으로 왔다

지우지 말라
그리운 이름
등에 기대고 선 음악은 차갑다
새드 앤딩이다

수면 위로 떠오른

부처나비 비밀

조용히 울었다

애인

처서에 비가 온다

둘둘 말린 돗자리에선
하루 종일 딸칵거리며
촉촉한 물방울의 자식들이 흘러나온다

망을 보던
도도한 팔월 태양도
음지를 지키던
퀴퀴한 사내 냄새를
훔쳐내지 못하고 돌아선다

떠나기 전
끈적한 흉터를
또 더듬더듬 찾는다

내 마음의 자식들은 다 어디로 갔을까
뱉었다 삼키고

종일
자판 위를 들락거리며
협상은 길고 길었다

가두리

붉은 아가미에선 종일 짠 냄새만 걸러냈다 엉성한 가두리에 갇혀 채널을 돌려보지만 백사장에 내리는 하얀 겨울엔 발자국만 쌓인다 빌딩 유리에서 간사한 웃음이 썰물에 떠내려온다 그물망에 걸친 달빛, 심장에 걸친 실핏줄에선 바다가 밤새 흘렀다 등대에서 불어오는 불빛,

손사래 치며 달려드는 침묵의 맥박 소리가 차갑다 모서리 방파제에 뜬 별빛은 시린 가두리, 불 꺼진 이 세계에선 검은 시간만 출렁인다 폐그물에 걸린 꼬리지느러미 희미한 눈발이 시들어간다

너 혼자 둘 수 없는 가두리에 동백꽃 향기만 날린다 밤바다에 부서진 맹세는 나를 기억하지 못한다 낯익은 오른쪽 귀에선 비릿한 목소리가 흐르고 우우우 구두 발소리만 엿듣는 그림자 보이지 않는다 너는 가두리에서 어둠을 훔치지 않았다

우리는 서로를 가뒀다가 풀어줬다

잉크가 마르기 전

감자가 하지를 넘겼다
그 가문 몸에선 물길이 사라진 지 오래
공중만 바라본 속살은 푸르게 멍들었고
줄기에 걸린 눈은 실핏줄만 붉게 가득하다

바다를 사랑한 여자는 밤마다 물길을 찾아
땅속 달콤한 남자를 훔쳐 먹고 있다
고목나무에 기대어 감자꽃은 타들어 가는데
태양을 버린 몸에선 아린 맛이 난다

하지에 치른 자주감자
긴 낮 정점을 찍고도 여물지 못한 건
하지에 흐드러지게 핀 능소화를 사랑한 죄
꽃잎을 타고 오르가즘은 죽어가고 있다

저 해안선에서 이쪽 해안선으로
비가 내리기 시작한다

동영상

납작 엎드려 찍지 마라
늦가을 셔터 소리에 발버둥 치는 팽목항은 아직도 시큼한 사월이다
너를 기다리는 사람 오지 않는다
울지 않는 새의 날개에선 푸른 하늘이 보이지 않는다
사이렌의 노랫소리만 파도에 떠밀려온다

밤마다 헤엄쳐 가는 무인도의 밤은 등대가 없다
네가 토한 긴 그림자, 그물에 걸려 뱃머리 보이지 않는다
너를 찾지 못해 북극성 좌표가 아직도 흔들린다

나를 부르는 소리 차갑다

어제도 암실 창문에 종일 비가 내렸다
세월이 가도 맹골호 거친 파도가 멈추지 않는 이유를 묻지 마라
노출된 필름 복원 중이다

2014년 4월 16일
종장에 찍힌 마침표는 물에 젖은 채 노랗다

녹화 버튼에서 빨간 불이 켜진다

첫사랑

스물셋 너를 잊고 싶다

다람쥐처럼 겁 없이 가느다란 가지에 올라
졸졸 벚나무 열매 따주던 손

내 가슴 오솔길에 줄지은 나무가 되겠다는 손 편지

복귀하지 않아
완전 무장한 채 종일 연병장 돌았던 마음

어느 십이월
두려움에 떨고 있는 낯선 영주역까지
놓칠 뻔한 막차 타고 달려온 신발 위 이슬들
안도하던 너의 눈빛
카키색 눈빛

그리고 자취방 문 앞에 놓고 간 수줍은 장미꽃 향기

장마 지려나
잠긴 열쇠 찾느라 며칠째 헤매고 있다

오이지

주말농장
가는 생명줄에 몸을 맡긴 채 여남은 오이들이 대롱거린다

땡볕에 더위를 먹었는지 농사꾼 아닌 것을 눈치챘는지 지들 마음대로 생겨먹었다 구부러지고, 뒤틀리고 꽁지만 달린 배불뚝이에다 노각까지

잘났거나 못났거나 무농약 오이 아니던가
한 바구니 따다 항아리에 넣고 어릴 적 엄마 입맛 흉내 내는데

멀리서 낯익은 소리 들린다

뻐꾸기 날아간 흔적을 찾아 나선다

장독대에서 여름 한낮 땡볕이 발효되어 익어간다

풍경 저쪽

현암사 목탁 소리 산그늘로 쏟아진다
탑으로 햇살 뿌려지니 터질 듯 발그레한 단풍 새색시 뺨처럼 화사하다
지나가는 바람도 뒤엉켜 물든다

동자승 독경 소리 휘어진 능선 타고 미끄러져 내려온다
후두둑 가을 빗줄기는 구룡산 발목 아래로 돌고

비 젖은 은빛 물결 위에 연꽃 향 그윽하게 퍼진다
골짜기마다 피어오르는 왕벚나무 안개

우리는 모두 어딘가로 떠나는 중이다

목탁 소리처럼
나뭇잎 소리처럼

비밀

계약은 끝났다
마지막 비밀 통로를 빠져나오는 남자의 머리가 하얗다
이마에선 설산의 계곡물이 뚝뚝 떨어진다
산허리에 새긴 길이 구불구불하다

잃어버린 여자를 찾아 설산을 오르는 남자,
가까이 다가가면 사라지고
돌아설 듯 다가오기를 거부하는 여자
안개 낀 절벽에서 서로 춤을 춘다
춤추는 자리마다 꽃이다

비밀의 문은 어디인가요
맨발로 설산을 허무는 여자
대답 없는 메아리만 짊어오는 남자

미끄러운 허공에 찍힌 이름을
삭제할까요,

시간이 없어진 설산에서
그들은 영원을 살고 있다

배고프니?

계모 시뮬레이션 큐!

젖가슴 도려낸 여자
훈육으로 넘치는 문턱 친구 엄마 사랑만 훔쳐본 아이는 낯선 경계에서 적당히를 모른다 녹슨 동아줄에 매달려 차가운 뱀 허물만 벗는다
뉴스 자막이 뜬다

모자이크 처리

파열음 소리 높아지고 짓밟힌 웃음소리
그때야 뒷걸음질 치는 눈치를 배운다

비웃음과 천대가 식탁 메뉴에 오르면 늘 독을 삼키는 아이, 헛손질에도 쓰러지는 일곱 살 꿈속에서 엄마 젖을 찾는다

배고프니?

아이야, 멍게가 나오면 봄이란다

아이야, 멍게가 나오면 정말 봄이란다

낙타는 떠났다

오늘도 별은 뜨지 않았다
시든 새벽 불빛 아래 네가 돌아앉아 있다
흔들리는 마음 술 취한 거리에 토해보지만
어둠 묻힌 밤은 길이 없다

밤새 귀를 막고 뒤척이다 철망에 붙어 애원하는
불나방 사체,
약봉지에 갇혀 있는 이름,
지하 난간에 떠 있는 눈빛,
불안한 기다림은 사막 모래 속으로 걸어간다

걸어간다, 별빛 따라가는 그림자 뒤로 밤기운 서늘하다
낮에 들어온 시린 해가 창문에 걸쳐 있다
너를 잡으려다
밤새 도망치는 고양이 방울 소리만 좇아다닌다

낙타 등에서 신기루가 쏟아진다

창

몇 년째 동굴에 갇혔다

암흑 속에서 더듬이만 커지고 있다
기다리는 사람 오고 있는데 눈은 점점 퇴화된다
무뎌진 촉각 너머로 환청,
세상 밖 이야기다

유령거미가 쳐놓은 덫에 걸려
동굴 속 전설을 기억하지 못하는 갈루아벌레

물기둥에 매달린 환상이 하얗게 굳는다
꼽등이도 늙은 엄마를 닮아간다

누군가 석순을 잘라 달아났어,

창문도 없이
아무도 모르는 우주가 되었다

감꽃

감꽃 떨어지는데 소식이 없다

다시 돌아와서 콩을 심겠다던 약속
구십 노모가 안방에서 입으로 먼저 콩을 심는다
가뭄에 먼지만 날린다

무너져가는 방에 폭우가 쏟아진다
여자의 시간이 흔적도 없이 사라진다

매일 밤 헛걸음질하던 남자가 불나방처럼 걸어간다
마당 깊은 집 지붕에 감꽃 만발

뻐꾹새 날아가자
콩꽃이 진다

추락

땅에 떨어진 별빛은 흐릿했다

수액 꽂힌 혼몽이 차트를 붉게 물들인다 허름한 주머니에선 담뱃재가 쏟아진다 수술실 바닥엔 아버지가 떨어뜨린 술병이 굴러다닌다

바람 불면 타워크레인 꼭대기에 올라 새를 기다린다
바지에서 약물이 뚝뚝 떨어진다

흔적 없이 사라지는 그림자
의문을 쏟아내는 남자가 나비의 꿈을 접는다

기차 지나간 평행선이 녹는다

아무도 울지 않았다

새벽이슬 맞고 누군가 대문을 연다

내 마음에는 대문이 없고 삐죽, 들어서는

엽서 한 장, 너는 거기에 없다

달려온 풀숲에선 긴 그림자만 어슴푸레 남아 잊었던 마음을 흔든다

며칠 나는 그늘이다

뒷장에 새겨진 흔들리는 글씨는 아직도 잊지 못하고 있다

어제도 빈 의자에 떨어지는 낙엽 소리 덩그러니 그려놓고 보내지 못했다

시월 아침 다급하게 짊어지고 온 사연

머뭇머뭇

늦가을을 흘린,

이 계절엔 아무도 울지 않았다

마법

그냥 다 받아주던가요

언제부터인가요 편안한가요

어떻게 하고 싶으세요
충분히 느껴보세요

가까이 가보셨나요

두려운가요
불편한가요

어떻게 했으면 좋겠어요
괜찮아요

천천히 천천히
안 되면 뒤로 가도 돼요

외면

벨을 누르지 못하고

너는 어둠을 더듬다 사라진다
네가 돌아선 자리에 갈등만 자욱하다

불 꺼진 창에선 커서만 깜박인다

빈 문서 파일명을 잊었다

동지(冬至)
블랙커피 잔이 비었다

우리는 이곳에 없었다

탈피

누구일까

길가에 앉아 긴 대롱으로 동족 사체를 빨아먹는 그림자, 개기월식 설기 옷 찢어버린 춤사위가 허옇다 거꾸로 매달려 탈출하는 날개에서 초침 소리 빠르게 흔들린다, 흔들린다, 번데기에서 입술이 떨어진다, 떨어진다, 시큼한 사월의 별이 진다

상처가 또 덧났다

어떤 비유도 너를 허락하지 않는다

제2부

드래그

가끔 누군가 안개 낀 골목을 걸어오다가
안개 걷히면 모른 척 되돌아간다

쉿,

그녀 비밀을 드래그하셨나요?

패권을 쥔 어법

청자(聽者)가 없는 메시지
공중을 향해 있다

누구로부터
반론도 예상되지 않는

옳은 말이 아니어서
청자(聽者)에게 닿는 말

아, 그랬구나

나도 모르게
혈액으로까지 녹아든
모성애

결국 내가 만든 덫

물레만 돈다

강요 없이

이어가는 그물망

무허가

종을 치는 남자와 종소리의 파장을 걷는 여자
하나의 무늬가 되었다

난 널 훔치지 않았다

쉼표

물음표를 던지며 살아온 날들
뒤돌아보니 아득하다
쉼표가 필요하다

불편한 진실이 남긴 흔적은
아무리 조여도 흘러내린다

이상한 옷을 입고
동행할 수 없는 조건을 목에 걸고
키를 쓰고 지뢰밭을 걷는다

콜록콜록
가까이 오지 마라

진실을 건져 올릴
촘촘한 그물이 필요하다

페르소나

겉과 속이 다른 연기파 배우

오늘도 한 치 오차 없는 표정으로 눈물 흘린다
매일 밤 꽃에 묻혀 잠든다

기다리던 신데렐라 꿈이 이루어지던 순간
마차에서 뛰어내려
허물 벗고 정글 숲을 기어 다니며
잃어버린 가면을 찾고 있다

쏟아지는 의문과 추문에 한마디 변명도 없이

험한 길 되돌아 슬픈 기억을 가만히 들여다보고
물길 따라 엄마 자궁 속에서 헤엄도 치고
희미한 탯줄을 잡고 그네도 탄다

비밀의 문에 들어가려면 가면을 쓰세요

말을 타고 무대에 뛰어오르는 남자,

가면을 찾으셨나요?

길을 잃다

검은 나뭇잎 사이로 기타 소리 들린다

누굴까

물안개 뚫고 지나온 우산 속으로
가을비는 쳐들어오고

마지막 공연인 듯 흘러내리는 공중이 나뭇가지에 걸쳐 있다
박수 소리 요란한데 흐르는 빌리 홀리데이 노랫소리,

검은 우산을 쓰고 잉어를 찾아 나선다
돌 틈과 물풀을 헤쳐보아도 보이지 않는다

물에 뜬 기타 소리,
당신을 원하는 나는 바보예요

당신을 듣고 나서
길을 잃지 않은 적이 없다

초점

성에서 안전하게 살고 싶었다
밤마다 흙으로 높은 담을 쌓았다
별이 뜨지 않는 밤엔
볼록렌즈를 끼고 사다리를 오르내렸다
갈라진 틈은 그믐날 밤에 메웠다

바람이 불면 가끔 성이 무너졌다
보수공사가 늦어지면
누군가 허술한 담으로 자주 드나들었지만
아무도 돌아오지 않았다
간혹 거울 속에서 혐의점을 찾다가
흙 묻은 손으로 거울을 닦았다

후닥닥 책장을 넘기면
누군가 머물던 자리에 빨간 밑줄이 그어졌다

마음에는 초점이 없어서
그 계절 내내 안개가 짙었다

틀어진 시간

기억 없는 사실을 찾아 나선다

사다리조차 없는 지하 깊은 곳에서
더듬더듬 찾은 것은
오래전 틀어진 너와의 약속
잃어버린 시간들이 뒤엉켜 있다

누군가 벗어놓은 허물이
버려진 채 녹물을 삼키고 있다

맨발로 어둠을 퍼 올리다 다시 쏟고
벽면을 타고 오르다 미끄러진 흔적들이
갈라진 틈에 끼어 곰팡이 피어오른다

변명이 녹아 있는 긴 터널 지나
부러진 손톱들을 주워야 할 시간

젖은 기억 흩어지기 전

머리를 말린다,

마음의 드라이로 말린다

다시 첫사랑

홍등가 쪽방에서 들려오는
늙은 노랫소리 듣는다

과거를 잊어버린 여자가
과거에 갇혀 사는 남자를 부추긴다

밤안개를 잠재우려고 눈은 내리는가

등 뒤에 숨긴 꽃을 내밀지 못하고
거래가 이루어지는 밤

위로해주고 싶은 여자가 있고
위로받고 싶은 남자가 있다

흔들리는 별을 피해
새벽달이 진다

목격자

밤새 낮은 담 밑에 변사체 널브러져 있다 신고는 누가 했을까 구경꾼도 경찰차도 없다 2차선 국도엔 새벽부터 까마귀 떼 문상객만 득실거린다

길옆에 핀 나팔꽃이 가드레일만 꽁꽁 조여 매고 있다

후다닥 틈을 비집고 찰나를 뜯어먹어야 산다 초혼제 아직 끝나지 않았는데 날개를 퍼덕이며 속도위반 중이다 달리는 자동차 바퀴에 지문이 지워진다 붉은 입술이 새벽안개 속에서 식어간다

바스러진 살점 위로 달리는 자동차를 기억하는 이 아무도 없다

바퀴는 죄가 없다

비명

후진 중
백미러에 반사된 영혼의 그림자를 후다닥 타이핑한다
너와 엮일 듯 말 듯
신호가 바뀌는 순간 저장을 하고

일방통행,

기억부터 지운다

휘발유 탱크에 빨간 불 깜박인다
핸들을 놓고
위험한 대로에서 다시 문장을 잇는다

내리막길에서 비명이 흩어진다
저장된 파일에 붉은 스피드 마크가 새겨지고
잃어버린 티켓이 창문 틈에 끼어 구조를 기다린다

소낙비 쏟아지던 날 밤 나는 브레이크를 밟지 않았다

내비게이션 위치는 낭떠러지

너는 애초부터 거기 없었다

누구일까

벤치에 흔적 남기고 간 사람
누렇게 변색된 시집 펼쳐본다

온기 느껴지는 시 한 편,
누구를 기다린 걸까
방금 떠난 사람 보이지 않는다

두근두근 오월 냄새가 밀려온다

문학관 들어서자 내 안에 잠들어 있던 나타샤 옷깃에서
안나를 밀쳐낸 흔적 보인다

문 닫히기 전 나오려는데 고압선 흐른다
너의 기억만 오락가락 에러가 난다
복구를 기다리는 발걸음 종종거린다

새 한 마리 날아가자 문학관 괘종 소리 울린다

누구일까

벤치를 흔들어놓고 간 사람

빈 곳이 요란하다

동상이몽

며칠째 떠나지 못하고
너를 향해 머물러 있다

내가 가진 것은
낚싯줄 한 가닥과 떡밥 한 개

가파른 협곡으로 내던지자 너의 실핏줄이 파닥거린다
누군가 밀어낸 낙석(落石),
협곡에 빠진 채 사경을 헤매고 있다

풀뿌리에 매달려 흔들리는 너
손길 대신 치밀한 거래를 하고 있는 나

풀리지 않은 수수께끼를 손에 쥔 채
잉어 낚시를 한다
네가 쳐놓은 그물에서 아슬아슬한 한숨 소리 들린다

너는 아는가

누군가 벗어놓은 허물을 걸치고
없는 문으로 들어가는 문

바람에 찌가 흔들린다

흔적

전화벨이 다급하게 울린다
재검진 필요하니 다시 내원하란다

가던 길 급히 돌려 진료실 들어가니
의사가 폐에 박힌 밤톨만 한 혹을 보여준다

검사 진행되는 동안 천당과 지옥문을 수없이 들락거렸다

살 날은 얼마나 남았을까
유서는 어떻게 쓸까
남편은 분명 새장가갈 것이고
아이들은 천덕꾸러기가 되겠지
설마, 아닐 거야,
머리를 흔들어봐도 최악의 드라마 결말들만 스쳐 지나간다
그래, 오늘 저녁 당장 변호사부터 만나는 거야

막장 소설이 내 이야기였구나
믿었던 남편이 원수가 되는 순간

의사 선생님이 나를 부른다
어렸을 때 심하게 앓았던 적이 있소?

촌철살인

권고사직 당한 아들에게
"앞으로 뭐 먹고살래? 조금만 더 버티지" 했다

내 맘 모르고
네 맘 모르고
화살이 날아갔다

그 말밖에 없어요

어떤 때는 정말 그 말밖에 없어요

그날

동백섬 근처에서 발견된
검은 가죽 재킷,
하얗게 얼어 있었다

십이월
퀭한 눈에선
밤새
구석진 항구를 핥은
비릿한 들고양이 냄새로 가득했다

난간에 머물러 있는 너를 본다

머뭇거리는 사이
그림자 사방으로 흩어진다

환하다

붉은 회전의자의 정체

누구를 따라왔을까
회전의자에 걸친 빌딩 속 흔적들이 혼자라서 불안하다
도심 속 골목 빨간 외줄 타며 도도한 여자가 앉아 있다

콜라병 몸매에 붉은 등받이
녹슬지 않은 길고 흰 다리가 눈부시다

누구를 기다릴까?
대리석에 비친 검은 힐 소리 요란하다
짙은 선글라스를 끼고 별이 진 하늘을 바라본다

별이 뚝뚝 떨어진다
회전의자 흔들린다
훠이 훠이
훠어이

여자 손에서 새 망이 펄럭인다
기다리다 망에 걸려 푸드덕거리는 나를 본다 겁에 질린 여

자가 동공에서 울음소리만 건진다
붉은 회전의자 더 거칠게 흔들거린다

늦은 밤 산골 농장에 엉겅퀴꽃 만발한다
널브러진 의자가 하얗게 빛난다

넌 가끔

철조망에 군화를 걸어놓고 며칠째 문틈에서
포격 소리 요란하다

그 남자 아직도 전쟁 속에서 산다
살아서 전쟁이었다 방문 잠그는 소리 들린다
방아쇠 당기자 화약 냄새 새어 나온다
닫힌 문틈으로 달아나는 여자,

녹슨 군화 발자국이 여자 웃음소리로 사라진다

거꾸로 매달아도 돌아가는 국방 시계
틈에 낀 여자 발가락을 빼느라
남자의 분침이 삐걱거린다
천천히 여자 왼발이 빠지자 닫힌 문틈에서
사내 냄새가 풍긴다
남자가 문틈을 비집고 여자 찾는 소리……

넌 가끔 나무다리에서 외발로 종일 서 있었다

는개

는개 내린 아침
살짝 브레이크를 밟는다

너를 훔쳐낼 메모지가 없다
다시 잃어버린 흔적만 가득하다

저 세계로 흩어지는 불빛
뱉어내지 못한 목소리, 목에서만 맴도는데
내리막길 바퀴는 계속 굴러간다

기억을 놓치는 순간
사람이 수상해진다

올라오는 사람 보이지 않는다
완전히 사라졌구나, 사라진 그 자리로
다시 는개 내린다

비망록

늘그막에 돌아온 너의 품은 서늘했다
하얗게 부서지는 공중의 꽃들,
파도는 또 거칠게 기억을 밀어내고 있다

바다 속으로 늦가을 별이 진다
물에 빠진 별은 파란 하늘을 기억하지 못한다

검은 진주는
끝내 별이 되지 못한다

떠다니는 신발을 바라보다 놓쳐버린 너의 젖은 기억이
파도 속으로 사라진다

흐른다,
너는 물 빠진 성에 갇혔다

제3부

잃어버린 새

언제부터인가 울지 않았다
기억을 잃어버린 탓일까 아니면 종일 바다만 바라보다 돌아온 탓일까
신발이 가지런하다 저녁,
잔잔했던 마음이 자꾸 엉킨다

하얀 펜 끝에서 요동치는 푸른 글씨
손이 닿지 않는 사월의 저녁을 파랑새라 불러도 될까

저녁내
지웠다 쓰고
밤새
그렸다 지우고

새벽 찬비 속으로 새 한 마리 날아갔다

기억 소환

여긴 세렝게티도 아닌데
치타 울음소리가 들려요

어디인가요
고아원 방에 웅크리고 앉아 있어요
누군가 치타 인형을 빼앗아가요
나는 치타 인형밖에 없는데
나의 아바타인데

그래서요
치타를 찾아 헤매고 있어요
나를 찾고 있어요

왜요
엄마 냄새가 사라졌어요

없는데 빼앗겨요
누가 빼앗아 가는지 몰라요

치타 엄마는 어디로 사라졌나요

기억, 지우고 싶나요
아픈 데가 없는데 아파요

위증

닫힌 철문을 열자 순실 드라마 주인공들이 오방낭 나무에 앉아 점을 치고 있다 등쳐먹은 흔적을 지우려 아우성이다 큐사인 들어가자 수첩에서 거울이 떨어진다 블랙리스트에 그들이 없다

여자의 화법에서 NG가 난다

꼬리가 밟히면 허물을 벗어던지고 길이 막히면 꼬리를 자른다 대본도 없는데 시청률 고공행진이다 그녀 가방에서 독사 웃음 흘러나온다 점쟁이 손끝이 떨린다

추리소설이 계속되는 서울의 밤
촛불 사이로 선글라스를 낀 암고양이 슬쩍 빠져나간다

시크릿 가든에서 더러운 잠을 자는 여자 수인번호가 사라진다

덫에 걸린 뱀 혓바닥이 잘려 나간다

에스프레소

허락 없이 방충망을 뚫고 들어와 입 안에 엉성한 거미줄을 친다 벌어진 사이로 박음질이라도 하려는 듯 서둘러대는 너의 간사한 혀가 요란하다 가느다란 실타래를 붙잡고 애원하던 붉은 손톱이 잔인하게 떨린다 어제도 거미줄에 걸린 여자는 흔들리지 않았다 길들여진 너의 틈에선 밤새 페미니스트 냄새가 났다

풀어헤친 머리카락 사이로 도도한 강이 흐른다 밤새 울어대는 들고양이에게 돌을 던진다 폭우가 그칠 때까지 젖몸살을 앓는다 빗속에서 흔들리는 나를 본다 거미줄에 걸린 손가락이 꿈틀거린다

비밀번호는 없다

끈

어두운 방에서 또 엉킨 퍼즐을 푼다
자욱한 안개 속에서 흔들리던 그 끈,
마주앉은 그림자 아래서 얽힌다
밤새 새어 나오는 한숨 소리
묻었다 헤치고 흩어놓았다 밀치고
벽 이마에 가위를 들이대기도 한다
거울 속에 자신을 구겨 넣어 가두어도 보지만
희미해져 가는 이야기 놓지 못한다
수십 년째 어두운 방에서 버려진 젖만 물린다
두고 온 울음소리 머릿속에 하얗게 품고 산다
뒷다리에 걸린 올무
아직도 끌어안고 산다
지문 없는 한 조각 퍼즐에 목숨을 건다
허둥대는 약지 손가락만 늘 부산하다
오늘은 또 무엇을 버리고 싶을까
치마 속에서 검은 탯줄이 흘러나온다
떨어진 심장이 발등에서 팔딱거린다
손톱 끝에서 아스피린 냄새

노랗게 새어 나온다

끈이 아프게 환하다

가면 우울증

비행기 멀미가 심한 탓일까

아무 일 없다는 듯 먼로의 가면 속 웃음소리가 지워져 돌아온 수요일 오후, 손끝이 살짝 떨린다 그녀의 과장된 눈꺼풀과 입술 앞에 쏟아지는 타임캡슐, 빛바랜 백지수표가 형광 불빛에 화들짝 놀란다 앤디 워홀 구두를 신고 올라가야 하는 2층 전시장엔 그녀만 맨발이다 해는 저무는데 남자 친구가 내려오질 않는다 큐레이터 이어폰에서 잡음이 새어 나온다

너를 밟고 가는 목요일 저녁, 짐을 나르다 싸늘히 죽어가는 수백 마리 개미떼를 본다 죄의식이 느껴지지 않는 이유를 너에게 묻는다 앞만 보고 달리던 발걸음이 시무룩하다 먼로 이마 사이로 청록 치마가 바람에 날린다

8월 말복 이야기가 푹푹 찐다

예고편

예고편은 감질났다

리모컨 덫에 걸리는 남자, 녹색 버튼을 외면하는 사이 여자는 점점 위험해진다 어둠 속으로 사라지는 여자의 흰 손이 차갑게 흐른다 새파랗게 질린 여자를 구하러 정글로 달려간다

사람들이 맹수를 부른다

여자가 흘린 단서는 붉은여우 목도리, 퍼즐은 복잡한 조각으로 넘쳐난다 곁눈질하는 사이 여자는 자꾸 골목을 빠져나간다 리모컨 놓치는 순간

침대에서 비밀 거래가 시작된다

사람은 없는데 목소리 낯설다
예고편에서 여자는 영원히 손을 떨고 있다

마감

전지를 빼놓아도 시계는 방전된다 다가오는 마음으로 시계추는 건드리지 않았다 아홉 숫자 발등에 떨어지자 바이킹 후예가 쏟아질 듯 난간에 매달린다 같이 소리 지른다 오도 가도 못한 채 수직에 갇힌 너를 본다

멀어진 초침 소리 아직 뱉어내지 못했는데 너의 모습이 애원하며 뒷모습을 질질 끌고 간다

눈을 감고 코끝을 본다
시작부터 호흡이 거칠다 사흘째 찜통더위, 여배우 스캔들에 먹이를 빼앗긴 수컷의 분노가 극에 달한다 댓글 비밀이 폭로되는 날 열대야에 지친 여자를 구조하는 우리는 없다 마약처럼 다가오는 너의 손길 어찌해야 하나 늙은 감독 큐 사인이 더디다

사라진 시간의 전원을 켜본다 달력에서 여자가 쳐놓은 그물이 튀어나온다 떨어뜨린 특종이 펜 끝에서 놀란다 뒷걸음치며 너에게로 흩어진 생각을 쓸어 모아 본다 엉성한 불안감

이 휴지통에 쌓인다 약속 시간 기억나지 않는다

언제 너를 벗어날 수 있을까
오른쪽 코를 막고 왼쪽 콧구멍으로 숨을 들이마시다, 다시
왼쪽 코를 막고 오른쪽 콧구멍으로 숨을 내쉬어 본다

어젯밤도 티베트 고승은 나를 찾지 않았다

에러

따라만 갔던 길이 좁아지자 정체를 빚는다 새벽이 돼서야 풀리는 엇갈린 발자국들이 쌓여만 간다 얼어붙은 신호등 북서풍 따라 저물어 간다 물안개 속에서 나를 부르는 소리 자욱하다 사방에 흩어진 조각난 이름 사이로 달무리가 진다 버려진 십이월 초침 소리만 물 위에 떠 있다 저 별 지기 전인데 하루를 마감한 불어터진 시신이 우두커니 나를 바라본다

창문 열지 마라

저장하기 전 날아가 버린 너를 찾으려 어둠에 기댄 채 내 그림자 기울고 있다 트랙을 벗어나 달아나는 너의 손은 차갑다 복구가 2분 40초 남았는데 타종이 울린다

망각

구멍 난 그늘에 앉아 하품을 하다 땡볕에 걸쳐 있는 끈적이는 말복 더위를 이야기한다 시든 여자 허벅지가 달리는 바퀴의 흔적을 산란시킨다 여자의 팬티에서 종소리가 울린다 이야기 틈을 노리다 먹구름 따라 후다닥 어디론가 사라진다 눈동자 그물망을 피해서 간다 히죽히죽 웃음소리가 돌아서 간다 누가 걸려든 걸까 여자 입술이 붉어진다 떠나는 소리 사라진다 익어가는 것들에 대한 설렘과 초조함이 디지털로 저장되는 순간 전시장은 만원을 이룬다 찰칵! 찰칵! 너를 쓰레기통에 버리지 못하는 이유다

광고

77–1번, 승강장에 들어온다

짧은 치마 웃음 걸치고 여자가 버스 창문 벽에서 비스듬히 일어난다 왼손에는 피로회복제, 홀짝홀짝 마시는 건 레드 시크릿, 살짝 윙크하며 뒷문으로 타고 앞문으로 내린다 카드기에서 경보음이 울린다

멈칫하다 여자의 눈빛이 군화 발등에 떨어진다 빈틈을 비집고 들어온 능소화 향기가 뜨겁다 미끈한 다리에 찍힌 붉은 기둥은 38도

경계를 넘나드는 DMZ 확성기에선 더위 먹은 긴장감이 감돈다 소리가 뜨겁다 다음 정거장은 민간인 통제구역

여자 배꼽에서 미지근한 피로회복제를 산다

파편

너 기억하던 메모지 내 손을 떠났다 숨어 지내던 날들이 총소리에 놀란다 너는 돌아오지 않았다 공중에 흩어진 약속, 파쇄기에 밀어 넣고 너의 이야기 흔적을 남기려 몸부림친다 네가 부서진다 나를 부르는 소리 들린다, 잠시 작동이 멈추자 마지막 너의 뒷모습이 아른거린다 어긋난 사랑이 절단되어 나온다 무거웠던 너의 끈을 놓으며 하루가 텅 비었다

바람이 분다 너의 토사물이 수사에 혼선을 빚는다 비닐장갑 끼고 흙 묻은 종이 한 점 핀셋에 꽂힌다 매니큐어에서 너의 DNA를 읽는다 날아가던 새, 땅으로 떨어진다

어제 발표한 책 속에서 곡소리가 난다

하데스 군가

아들은 삼일 째 대치 중이다

산속에서
밤마다 갈망하던 자유는
가시에 찔려 뒹굴고 있다
오른손에서
피비린내 진동한다
나뭇가지에 걸린
몰골에선
눈물이 뚝뚝 떨어진다
포수에 잡힌 아들은
GOP 철조망에 걸린
자유로운 새
누가 내 아들 눈에 안대를 채웠나
내 발등에도
무궁화 족쇄를 채워다오
미안하다 아들아
너는 죄인이다

어제까지 애국심은
스물두 살 총소리와 함께
GOP 산기슭에 묻어라
그리고
비극이 녹아 있는 철책선에
가위 들고 올라
녹슬어버린
끓는 피를 싹둑싹둑 잘라
너의 자유와 함께
싸구려 고물장수에게 넘겨라

그리고 마음껏 울어라

후

울타리 훌쩍 뛰어 넘어온

봄 뜨락에 늙은 노인 졸고 있다

닳은 이름 석 자

담장에 걸쳐놓고

숫자만 자꾸 거꾸로 센다

걸머진 망태엔

봄바람만 출렁

늪

늪에 빠졌다

구조를 기다리는 남자가 망을 본다
흐린 선글라스를 끼고 침묵하는 주니어를 찾는다
개미 한 마리 보이지 않는다
변장한 장끼 한 마리 후두둑 날·아·간·다

문전성시 광교산 자락 며칠째 싸늘하고,

'침묵은 예스가 아니에요'

생식 맛을 잃어버린 중이 고기 맛에 푹 빠졌다

Me too! 미투!

파계승 젯값은 얼마인가요?

수목 드라마

서로 의심한다
혼란에 빠뜨리는 정체 보이지 않는다

작가를 조종하는 독자 댓글이 더 위태롭다 안개 덮인 증거를 잡기 위해 혈안이다 여자의 말투, 남자의 눈빛 그리고 행동 하나하나가 도마 위에 오른다 범인이 위태롭다

감독이 숨긴 지문이 털린다

꼬리를 잘라버리고 도망치는 여주인공 뒤로 망을 보던 남자의 신호가 삐걱거린다 독사가 득실대는 곳에서 살아가는 여주인공의 안쓰러움은 다시 독자의 몫이다

여주인공이 위험하다고 누군가 소리친다

지나가는 엑스트라 손목에서 어울리지 않는 명품 시계가 클로즈업 된다 단서인가 간접광고인가 사이버 수사에 혼선이 생긴다 열애설이 터진 여주인공 손에서 채널이 바뀐다

말 한마디 없는데 신경이 쓰이는 캐릭터

너는 항상 내 곁에 있어 위험하다

갈등 속의 꿈

살짝만 건드려도

금방 톱니바퀴를 벗어난다

맞물리지 못하고 이탈하는 상처들

수십 년째 주변만 겉돈다

걸림돌이 뭘까

오늘도 제자리서 헛바퀴만 도는 너와 나

신의 한 수가 떠오르지 않는다

벽에 부딪친 갈등 속의 꿈

알레르기

그 사람 또 입원을 했다
수액을 맞는 주삿바늘에서 고름이 흐른다
약 기운에 취한 눈동자
또 몸살을 앓는다

가을밤 혼자 부르는 노랫소리 차갑다
달은 점점 차오르는데
너의 체온은 식어만 간다 갇힌 철창문에선
어둠만 새어 나오고
굴레를 벗어나지 못하는 그림자 자꾸 난간만 기웃거린다

무기력한 남자의 일상이 전파를 탄다
댓글로 날아온 단풍 소식 가만히 만져본다
그녀의 가을 냄새 아직 마르지 않고 촉촉하다
감추어둔 얽힌 인연의 찌꺼기를 도로 삼켜버리는 남자

그날 그리움은 다시 돌아오지 않았다
혼자 견딜 수 없는 가을 재채기가 재발한다

야누스 얼굴

남편 권력이 아내 지위가 되고 아이 미래가 보장되는 철통 보안 스카이 캐슬이 불안하다 그들의 은밀한 비밀이 까발려지고 있다 육탄전에 카메라 플래시가 터지자 패거리들 입이 더 거칠어진다

난도질당한 도마가 생채기로 가득하다

그들의 비밀 훔쳐본 자 누구인가

결정적 한방을 슬쩍 들이대는 무릎 탁 도사 전략이 정치 10단으로 상승세를 탄다 그들이 원하는 진실의 색깔은 무엇일까 근조 청문회 끝이 보이지 않는다

야당 의원 아들이 수신제가 치국평천하에 또 강타를 날린다 술 취한 '내로남불' 피켓들이 슬금슬금 꼬리를 감춘다 다시 법망을 피해 가는 그들의 분주한 발걸음이 뉴스 자막에 클로즈업된다

정체성 무너진 언론 사각지대 민심 심하게 요동친다

사회적 지위가 권력이 되는 아버지 삶이 허물어지고 있다

애정 전선

며칠째 문이 열리지 않는다

너는 종일 채널만 돌리고
난 전기장판에 누워 멀미를 한다

들어주기만 하면 되는데
넌 자꾸 판단을 한다

처서(處暑)에 태풍 소식 들린다

어디서부터 다시 시작할까

해설

위험한 날들의 신화 혹은 게임에 관한 쓸쓸한 비망록

김효은 시인·문학평론가

1. 프롤로그 : 출구 없는 미로 속 게임

죽어야 끝나는, 경기가 있다. 삶은 지난(持難)하고도 불공정한 경기이다. 의도치 않아도, 시작부터 공정하지 않은 게임의 서막이 출생과 함께 자동으로 펼쳐진다. 타이머가 작동하고, 규칙을 충직하게 지켜봤자 딱히 얻게 될 이득도 없으며 역전을 기대하기도 어렵다. 애당초 당신은, 아니 당신이 이길 수 없는 게임이다. 겨루기 힘든 상대들과 함께 던져진 선수. 경기의 규칙, 원칙이란 처음부터 조작되고 창조된 것이다. 누군가에 의해 강제된 규율과 규제, 불공정한 억압, 경계로서의 룰이 설정되어 있다. 순위는 경기가 시작되기 전에 이미 매겨져 있다. 당신으로선 애당초 승산의 가능성이 전혀 없다. 어쩌면 선을 넘는 것, 규율과 계약을 어기는 것, 반칙을 하고 트릭을 이용해 정해진 룰과 트랙에서 벗어나는 것만이 주체가 주체임을 선언하게 되는, 주체의 주체됨을 반증하고 보여주는 유일한 방법이 될 수 있을 것이다. 결과와 상관없이 위반과 발악만이 하나의 독립이자 탈출, 존재 규명의 시도일 수 있겠다. 타율적인 삶, 구획된 트랙을 성실하게 도는 일상의 쳇바퀴 안에서 유일하게 찾을 수 있는 길, 탈주 혹은 죽음. 사방이 거울로 이루어진 미로 안에 갇힌 당신에게 정답 따위는 없다. 자신을 둘러싼 환경과 제약을 벗어나 기성복처럼 입고 있는 정체성마저 전부 벗어던지고 새로 태어날 순간만이 절실하게 필요하다. 그러나 우리는 달리면서도 내내 일상과 현실에 붙들려 있거나 붙박여 있다. 서로가 서로의 족쇄와 자물쇠로 기능하면서 서로가 서로를 사랑이라는 이름으로 옭아맨다. 살면서 단 한 번이라도 타인이 정해준 의식과 시선, 정체성과 틀을 잠시나마 벗어날 수 있다면, 그는 진정 자유를 꿈꾸고 실천하는 주체적인 사람이다. 대다수의 보통 사람들은 태어나는 순간부터 타자에 의해 혹은 사회에 의해 쓰인 복제된 가면을 죽을 때까지 벗지 못한다. 규율에 순응하고 정해진 룰만을 고수하면서 길들여진 채 유순하게 살아가는 이들에게 경기의 승산을 기대할 수는 없다. 이기기에는 희박한 확률이다. 출발점부터 공정하지 않은 게임, 공정하지 않은 삶. 게다가 여성이라면 더더욱 불리하게 약자로 시작되는 삶. 눈앞에 펼쳐진 마술

사의 마술은 마법이 아니다. 환상도 환각도 아니다. 마술지팡이와 호박 마차 따위는 존재하지 않는다. 오로지 착시와 속임수와 기만만이 선수라고 할 수도 없는 영원한 술래의 눈을 가릴 뿐이다. 심지어 출발 지점만 다른 것도 아니다. 트랙의 지형과 기후, 환경, 신체조건, 번번이 나타나는 터널과 함정, 넘거나 제거해야 할 장애물의 경중, 그 크기와 수마저 차등적으로 다르다. 그렇게 우리는 게임 중에 있다.

박정선의 작품들은 그러한 존재의 한계 지점을 철저하게 의식하고 게임자의 갇힘 서사를 인식하는 데서부터 시작된다. 출발 지점도 제각각인 경기장 라인에 시인이 재현해낸 인물들이, 즉 비루한 우리들의 자화상이 묘사되어 있다. 뻔한 일상에, 하루 하루 반복되는 지루하고도 고단한 게임, 웬일인지 '비밀'이라 이름 붙여진 파일들이 죄다 공개되어 있다. "비밀의 문은 어디인가요?"(「비밀」) 하고 묻는, 혹은 비밀을 찾아 설산으로 바다로 산으로 끊임없이 떠나는 한 여자가 있고, 그 뒤를 따라나서는 한 남자가 있다. 그러나 그들이 찾아 나선 비밀은 애초에 존재하지도 않았다. 누가 이 게임의 승자가 될 것인가? 경적이 울리면 게임이 시작된다. 남자와 여자 외에도 여러 사람들이 게임에 출전한다. 기어가는 사람, 걸음마하는 사람, 달려가는 사람. 달려가는 사람 옆에 고급차나 전용기를 타고 초고속으로 날아가는 사람들이 있으니, 우리는 무엇을 향해 그토록 내달려야 하나. 열과 성을 다해, 목숨을 담보로 전

념해야 할 단 하나의 목적지, 그것은 허무하게도 죽음이다. 오로지 목적지와 종착지만이 동일한 경기가, 이내 시작된다. 같은 계급의 서로가 서로를 쫓고 쫓기는 경기. 때로는 사막에서, 때로는 설산에서 낙타를 쫓거나, 여자를 쫓거나, 별을 혹은 밤을 어둠을 쫓아, 불빛을 쫓아 헤매는 그들. 제자리를 맴도는 그들, 우리.

2. 사라진 시간 속으로 향하는 그들

오늘도 별은 뜨지 않았다
시든 새벽 불빛 아래 네가 돌아앉아 있다
흔들리는 마음 술 취한 거리에 토해보지만
어둠 묻힌 밤은 길이 없다

밤새 귀를 막고 뒤척이다 철망에 붙어 애원하는
불나방 사체,
약봉지에 갇혀 있는 이름,
지하 난간에 떠 있는 눈빛,
불안한 기다림은 사막 모래 속으로 걸어간다

걸어간다, 별빛 따라가는 그림자 뒤로 밤기운 서늘하다

낮에 들어온 시린 해가 창문에 걸쳐 있다
너를 잡으려다
밤새 도망치는 고양이 방울 소리만 좇아다닌다

낙타 등에서 신기루가 쏟아진다

—「낙타는 떠났다」 전문

감꽃 떨어지는데 소식이 없다

다시 돌아와서 콩을 심겠다던 약속
구십 노모가 안방에서 입으로 먼저 콩을 심는다
가뭄에 먼지만 날린다

무너져가는 방에 폭우가 쏟아진다
여자의 시간이 흔적도 없이 사라진다

매일 밤 헛걸음질하던 남자가 불나방처럼 걸어간다
마당 깊은 집 지붕에 감꽃 만발

뻐꾹새 날아가자
콩꽃이 진다

—「감꽃」 전문

경기의 시작을 알리는 총소리에 놀라 급하게 뛰쳐나가는 선수들도 있지만, 간혹 무작정 앞사람을 따라나서는 타율적인 사람들도 있다. 횡단보도 앞에서도 신호와 상관없이 무의식적으로 옆사람의 횡단을 따라나서는 경우도 있듯이 말이다. 불빛을 쫓아가는 불나방의 경우이거나, 사막에서 신기루를 쫓아가는 행인 또는 낙타의 걸음은 그저 정처 없이, 누군가 걸었음직한 비슷비슷한 여정이자, 길일 뿐이다. 불나방은 불을 보고 뛰어든다지만, 위의 시에 등장하는 인물은 그러한 불나방 속으로, 이렇다 할 목적도 없이 맹목적으로 쫓아 들어가는 다소 무의미하고 수동적인 존재로 그려진다. "여자의 시간"을 쫓아가는 "남자"는 어느덧 사라진 여자를 망각하거나 대체한 채 "불나방 속으로 걸어가"고 만다. 박정선 시인의 대다수의 작품들에는 이처럼 사막, 설산, 바다, 동굴 속을 찾아 헤매는 자(여자)와, 막연하게 그 뒤를 쫓는 자(남자) 사이에 릴레이가 펼쳐진다. 그러나 긴장감을 자아내기보다는 쓸쓸하고도 나른하게 펼쳐지는 일상의 반복을 연상시킨다. 시인은 시 속에서도 다급하지 않게 말한다. "천천히 천천히/안 되면 뒤로 가도 돼요"(「마법」)라고.

> 밤새 낮은 담 밑에 변사체 널브러져 있다 신고는 누가 했을까 구경꾼도 경찰차도 없다 2차선 국도엔 새벽부터 까마귀 떼 문상객만 득실거린다

길옆에 핀 나팔꽃이 가드레일만 꽁꽁 조여 매고 있다

후다닥 틈을 비집고 찰나를 뜯어먹어야 산다 초혼제 아직 끝나지 않았는데 날개를 퍼덕이며 속도위반 중이다 달리는 자동차 바퀴에 지문이 지워진다 붉은 입술이 새벽안개 속에서 식어간다

바스러진 살점 위로 달리는 자동차를 기억하는 이 아무도 없다

바퀴는 죄가 없다

—「목격자」 전문

우리는 때로 한 작품을 통해, 한 책을 통해서도 고단하고 지루한 또는 통속적인 생을 읽어낸다. 한 삶을, 한 죽음을 응시하게 된다. 범인도 살해자도 주인공도 아닌 단지 목격자로서의 삶. 증거는 말소되고, 범인의 얼굴조차 모르는 목격자의 기억 혹은 진술. 그다지 법적 효력이 없는, 무의미한. 어쩌면 처음부터 주인공은 없고 목격자만, 행인만 있는 드라마, 혹은 루즈한 게임. 그러나 결말이 뻔한 드라마를 자꾸만 보게 되듯, 때때로 재생하는 독서가 있다. 타인의 경기를 혹은 이미 (내가) 졌던 게임을 일부러 다시 돌려보기도 한다. 어떤 책은 여러 번

읽어도 어렵거나, 생소해서 쉽게 질리지 않는다. 때로는 진부하게 느껴지는 경기의 시작과 끝은 시 한 편에도, 시집 한 권에도 때로는 시인의 생애 속에도 오롯이 들어 있다. 시인의 텍스트는 변사체의 모습으로 독자들 앞에 놓여 있다. 독자인 나와 당신은 사건 현장을 지나는 최초의 목격자이자 행인이다. 우리는 변사체를 응시한다. 그리고 도주한 차량에 대해 아무것도 기억하지 못한다. 시인은 "바스러진 살점 위로 달리는 자동차"를 애초에 "기억하는 이 아무도 없다"고 진술한다. 독서는 그렇게 한 생과 한 죽음에 대한 독자의 선별적인 기호 혹은 관음증적 시선을 통해 이뤄진다. 불행의 서사를 관망하며 때로 즐거워하는 독서. 그들은 시집을 펼친다. 시집을 펼치면 어김없이 게임이 시작된다. 게임에 등장하는 인물들은 다수이지만, 박정선의 시집에 등장하는 인물들은 앞에서도 언급했듯이 주로 여자와 남자로 지칭된다. 관전이자, 참전이 되는 게임, 종료 직전에 탈출하는 방법은 역시나 '에러' 혹은 '자폭'밖에 없다. 스스로 이탈하여 죽어 버리기, 열렬히 반칙하고 위반하고 술수를 남발하기, 오류를 이끌어내는 '에러'만이 재부팅의 방법, 존재 증명의 명징한 방법이 된다. 그러므로 "하루를 마감한 불어터진 시신"(「에러」)을 아무렇지 않게 마주하는 것만이 "트랙을 벗어나 달아나는 너의 손"(「에러」)이자 '나의 손'을 복구하지 않고 "저장하지 않고" 놔버리는 것만이 오히려, 내일의 새로운 나로 다시 '리셋'할 수 있는 최선의 방법이 된다.

따라만 갔던 길이 좁아지자 정체를 빚는다 새벽이 돼서야 풀리는 엇갈린 발자국들이 쌓여만 간다 얼어붙은 신호등 북서풍 따라 저물어 간다 물안개 속에서 나를 부르는 소리 자욱하다 사방에 흩어진 조각난 이름 사이로 달무리가 진다 버려진 십이월 초침 소리만 물 위에 떠 있다 저 별 지기 전인데 하루를 마감한 불어터진 시신이 우두커니 나를 바라본다

창문 열지 마라

저장하기 전 날아가 버린 너를 찾으려 어둠에 기댄 채 내 그림자 기울고 있다 트랙을 벗어나 달아나는 너의 손은 차갑다 복구가 2분 40초 남았는데 타종이 울린다

—「에러」 전문

죽음을 향해 달리는 나와 당신, 남자와 여자가, 혹은 한 사람이 지금 여기 시 속에 있다. 여전히 게임 속이다. 먼저 도달하는 사람이 오히려 지는 경기. 이탈도 포기도 도주도 당신의 몫이다. 당신의 선택이다. 당신의 삶은 당신의 것, 당신의 목숨은 당신의 것, 당신이 당신의 삶을 붙잡고 있다. 당신은 간혹 사랑을 선택하고 이별하고 후회하고, 생의 트랙에서 걷고 달리고 멈추기를 반복한다. 실패도 성공도 그것은 전적으로 당신의 몫이다. 당신은 간혹 이 게임이 지루하다. 이따금 조바

심을 내기도 한다. 얽힌 길들, 정체 앞에 혹은 갑작스러운 '에러' 앞에 당황해 한다. 옆 트랙의 선수들과 비교를 시도하다가는, 포기하게 될지도 모른다. 하여 화자는 "창문 열지 마라"고 당부한다. "복구가 2분 40초 남았"던 단 1초가 남았던 간에 '에러'를 바로잡을 수는 없다. "타종이 울"리고 경기는 그렇게 일부 막을 내린다. 당신의 실패가 도달한 지점이 언제나 최선의 지점이 되는, 모순된 장소에서 한 죽음이 있고 그 죽음 위로 또다시 새로운 싹이 돋아날 것이다. "불어터진 시신"이 있던 "버려진 십이월"을 지나, 사랑의 계절은 늘 언제나 그렇듯 어김없이 우리 앞에 도래한다. 봄이라는 이름, 사랑이라는 이름의 계절이다. 계절은 순환하고 반복한다. 말과 침묵이 반복되듯이. 자, 때로 누군가에게 침묵하는 당신, 암묵적 동의라 할지라도 그것은 합의와는 다른 말이다. 당신은 말로 글로 당신의 의사를 충분히 전달해야 한다. 당신의 사랑은 당신에게서 발화되고, 기입되고 당신에게로 돌아와 이별로 종식된다. 침묵은 오인을 낳는다. 언젠가 당신이 사랑을 말한다. 사랑은 당신이 결정한 선택이다. 이별은 누가 먼저 말하든 상관없다. 전적으로 상대에 의해 결정되기도 한다. 당신이 이별을 수락해도, 다른 사랑이 리필 된다. 화살을 겨누고 쏘는 사람은 당신이고 당신을 관통한 화살이 또 다른 '그'에게로 간다. 다시 비슷하고도 뻔한 사랑이 반복되고 다만, 이별 또한 반복된다. 큐피트의 화살은 울타리가 되고 창살이 되고, 사랑과 연애, 결혼은 마침내 서로의 감옥이 되기도 한다. 사랑이라는 이름의 '살뜰한 구속'은 이제 가장 불행하고도 단단한 철창이 되기도 하는 것이다. 남자와 여자의 게임 서사는 그렇게 반복된다.

3. 신화를 연극한다는 것

시인은 신화를 쓰는 동시에 연기한다. 신화는 쓰는 이의 소망과 고착을 동시에 반영한다. 신화에는 여러 판본과 버전과 이형이 존재하지만, 이야기를 이루는 근간과 무의식은 비슷하다. 시인은 자서에서 "신화 속 그림자를 찾아 헤매던 날들"이 있었고, "잠든 아니무스 가면 속/타협은 언제나 위험했다"고 고백한다. 그녀 안에 아니마와 아니무스가 공존하고 타협하고 길항하고 반칙하면서 빚어낸 위험들이 있었고, 그 속에서 시인은 그 팽팽한 긴장감을 놓치지 않은 채 시를 써왔을 것이다. 아니무스는 시인의, 화자의 외부에 내유외강의 형식으로 표면화된 것으로 보인다. 시인이 즐겨 쓰는 가면의 형식, 즉 시인의 페르소나는 여성이다. 상대편에 늘 남성이 있다. 여전히 잊지 못하는 "스물셋 너"(「첫사랑」)로부터 "음지를 지키던/퀴퀴한 사내"(「애인」), 결혼이라는 제도를 거쳐 "판도라 상자를 열어본 남자"(「반칙」)에 이르기까지. 그녀가 사랑한 남자 혹은 남성성 역시 시인 또는 시적 화자 자신의 가면인 것으로 보인다. 일부이거나 전부인, 가면들 속에 혹은 그녀 안에 깊숙이 내재되어 있었을 아니무스. 혹은 오래전부터 내면화된 심리, 인격의 한 부분이지만 시인이 오랜 시간 외려 거부하고 외면했을지 모를 아니무스의 다름 아니다. 시적 주체이거나 시적 주체가 묘사하는 대상의 인격 안에서 아니마와 아니무스는 연인 또는 부부와도 같이 오롯한 한 쌍을 이룬다. 다음의 시를 보자.

여자는 오늘도 방구석에 처박혀 있다 불 꺼진 밤이 몇 달째 창문에 붙어 있다 건네는 빈말도 사라진 지 오래다 쌓인 먼지 사이로 문틈을 드나드는 바퀴벌레 흔적뿐 아무도 없다 전자파에 시들어가는 자궁 밑으로 황소바람이 분다

감전된 여자의 방에 눈이 내린다 밤마다 쌓인 눈을 치우는 남자, 그러나 눈이 녹을 때까지 버스는 오지 않는다 맨발로 별을 캐러 간 여자의 비명 소리가 멈추자 검은 커튼이 닫힌다

떨어진다, 자궁에서 별이 떨어진다

판도라 상자를 열어본 남자의 반칙은 잔인했다

한 번의 반칙,

그 후론 영원히 밤이다

—「반칙」 전문

잘 알다시피 그리스 신화에서 판도라(Pandora)의 상자를 여는 주체는 인류 최초의 여성인 판도라 그 자신이었다. 그런데 위의 시에서 시인은 판도라 상자를 여는 주체를 여자가 아닌 남자로 설정되어 있다. 원래 판도라는 '모든 선물을 받은 여인'이라는 뜻으로, 신화 속 인물인 판도라는 제우스가 불의 신 헤파이스토스를 시켜 만든 인류 최초의 여성이다. 판도라는 인류에게 불을 훔쳐다 준 중죄를 범한, 프로메테우스의 동생인 에피메테우스와 결혼하게 된다. 결혼 이후 판도라는 금기의 상자를 열어보게 되고, 그 상자 안에서 온갖 재앙과 악이 상자 밖 인간 세상으로 튀어 나오게 된다. 급하게 뚜껑을 닫았지만 미처 못 빠져나가고 잔류한 항목이 바로 희망이었고, 인류는 그 희망을 마지막까지 붙들고 그 희망에 기대어, 남은 생을 살아가게 된다는 잘 아는 이야기이다. 시인은 신화를 차용하는 동시에 판본을 바꾼다. 여자가 아닌 "남자의 반칙"으로 판도라의 상자는 열리게 된다. 호기심과 금기 위반의 욕망은 여성의 전유물인 것처럼 성서와 그리스 신화에는 묘사되어 있지만 시인은 남성이 먼저 반칙을 시도한 것으로 진술한다. 그렇다고 해서 시의 화자가 여성인 것은 아니다. 시적 화자는

다만 남자와 여자의 이야기를 제3자의 시선에서 거리를 두고 발화한다. 그러나 남자도 여자도 불행해지는 신화 속, 혹은 일상 속의 현재가 재현되고 결말은 비슷하다. "여자는 오늘도 방구석에 처박혀 있"으며, "감전된 여자의 방에 눈이 내리"고 그 눈을 치우는 한 남자가 있다. 어느 날 "맨발로 별을 캐러 간 여자의 비명 소리" 이어지다가 멈추고, "검은 커튼이 닫히면" 방은 거대한 자궁이 되고, 자궁에서는 낙태를 상징하는 유성인 듯 별이 떨어진다. 자, 그렇다면 남자가 들춰본 판도라의 상자에서는 무엇이 나왔을까. 희망이 밑바닥에 가라앉아 있었다면 다행이겠지만, 이 시에서 희망의 종적을 찾아보기는 어렵다. 아마도 남자가 들춘 판도라의 상자 안에서는 시종 "영원한 밤", 암흑만이 끝없이 나오지 않았을까. 사랑은 서로의 비밀을 들추고 파괴하는 데까지 치닫기 쉽고, 서로를 다 안다고 생각하는 순간, 남자와 여자는 거대한 무지에 부딪치게 되고 파국의 성찬은 가까이에 기다렸다는 듯 준비되어 있다. 사랑 즉 "감전"이라는 하나의 사건, 사건 뒤에 남겨진 여자와 남자는, 서로의 판도라 상자를 열게 되고, 이후에 서로는 모든 것을 잃게 된다. 단 하나 남겨진 희망이 있다면, 남자든 여자든 그것은 희망이라는 잉크, 즉 '쓰기'와 '기록'이 아닐까.

4. 에필로그 : 희망이라는 잉크로 쓰기 혹은 날기

상자 밑바닥에 남겨진 희망. 어떤 이에게는 펜과 잉크가 마지막 희망이 된다. 마지막 탈주의 열쇠가 된다. 도저한 이름의 희망. 시인은 잉크가 마르기까지, 희망이 마르기까지, 그 혈류와 에너지의 막장에 이르기까지, 하여 죽음에 이르기까지, 부단히 쓰는 자이리라. 상자 안에 있던 모든 것들, 잃어버린 것들, 휘발된 것들을 애도하고, 기리고 울고 기어이 달래는 자. 희망만은 날아가지 않도록, 부둥켜안은 채로, 빈 상자를 지켜야 하는 아이러니한 존재. 빈 상자이거나 빈 새장 안으로 기필코 들어가는 시인.

엄마, 약을 먹어도 낫지 않아요
저기 자라지 않은 어린아이가 울고 있어요

엄마가 울고 있어요

—「트라우마」 부분

붉은 아가미에선 종일 짠 냄새만 걸러냈다 엉성한 가두리에 갇혀 채널을 돌려보지만 백사장에 내리는 하얀 겨울엔 발자국만 쌓인다 빌딩 유리에서 간사한 웃음이 썰물에 떠내려 온다 그물망에 걸친 달빛, 심장에 걸친 실핏줄에선 바다가 밤새 흘렀다 등대에서 불어오는 불빛,

손사래 치며 달려드는 침묵의 맥박 소리가 차갑다 모서리 방파제에 뜬 별빛은 시린 가두리, 불 꺼진 이 세계에선 검은 시간만 출렁인다 폐그물에 걸린 꼬리지느러미 희미한 눈발이 시들어간다

너 혼자 둘 수 없는 가두리에 동백꽃 향기만 날린다 밤바다에 부서진 맹세는 나를 기억하지 못한다 낯익은 오른쪽 귀에선 비릿한 목소리가 흐르고 우우우 구두 발소리만 엿듣는 그림자 보이지 않는다 너는 가두리에서 어둠을 훔치지 않았다

우리는 서로를 가뒀다가 풀어줬다

—「가두리」 전문

시인에게 삶은 자기 유폐(幽閉)의 연속이다. 사랑, 연애, 결혼, 취업, 학업, 세계 내에서 살아가면서, 관혼상제를 비롯하여 사실상 '가두리' 아닌 삶의 형식을 찾기란 쉽지 않다. 인간은 태어나면서부터 가족이라는 좁은 울타리 안에 혹은 남성과 여성이라는 성별 안에 갇힌다. 성장하면서 접하게 되는 모든 제도와 형식 자체가 또한 경계와 구획, 구분, 배제를 포함하므로, 인간은 나와 타자, 나와 나를 둘러싼 환경이라는 무수한 구획들 안에서 다수의 타자들과 관계를 맺거나 끊으며

살아간다. 강제를 벗어나 또 다른 강제를 서로에게 지우며, '우리'라는 우리, 수많은 울타리 안과 밖에서 삶을 영위해 나간다. 규율과 규제, 법규 등의 사회적 제도와 규범 관습뿐만 아니라, 인간과 인간이 만나 사랑하고 부대끼고 증오하고 이별하는 순간에도 구속과 예속은 서로가 서로에게 '가두리'의 메커니즘으로 작용하곤 한다. "엉성한 가두리"이든, 단단한 "가두리"이든 모든 가둠의 형태와 형식은, 그 대상을 옥죄게 만든다. 밤바다에서 "등대"는 뱃길을 위해서 혹은 방위와 보완을 위해 반드시 필요하겠지만, 자연에게는 필요 없는 불빛일 수 있다. 댐이나 방파제, 간척지 역시도 마찬가지이다. 편의를 위해서 인간은 자연을 무분별하게 개발하고 훼손한다. 등대는 어둠 속에서 "불빛"을 통해 "침묵의 맥박 소리"를 바다 가운데에 가둔다. 어둠에 귀속한 바다에게 인공의 빛이라는 규제를 가하는 일종의 폭력, 강제(强制)가 아닐 수 있다. 시인은 "모서리 방파제에 뜬 별빛은 시린 가두리"일 뿐이라고 "폐그물에 걸린 꼬리지느러미"가 "희미한 눈발"인 듯 "시들어가"고 "너 혼자 둘 수 없는 가두리"에서 숨은 화자인 '나'는 함께 갇혀서 서로가 서로의 "가두리"를 완성하고 있는 것이다. 화자는 "너는 가두리에서 어둠을 훔치지 않았다"라고 말한다. 그러나 서로가 서로에게 한때 '불빛'이라고 내세웠던 사랑이라는 이름의 조명들, 그 조명들이 삼켰던 어둠들, "훔치지 않았"지만 사라진 어둠들, 어쩌면 태초의 자유는 어둠의 색깔을

하고 존재했을지 모를 일이다. 카오스 이전에, 단지 무한한 어둠과 침묵만이 존재하지 않았을까. 인간의 사랑 이전의 일이다.

감자가 하지를 넘겼다
그 가문 몸에선 물길이 사라진 지 오래
공중만 바라본 속살은 푸르게 멍들었고
줄기에 걸린 눈은 실핏줄만 붉게 가득하다

바다를 사랑한 여자는 밤마다 물길을 찾아
땅속 달콤한 남자를 훔쳐 먹고 있다
고목나무에 기대어 감자꽃은 타들어 가는데
태양을 버린 몸에선 아린 맛이 난다

하지에 치른 자주감자
긴 낮 정점을 찍고도 여물지 못한 건
하지에 흐드러지게 핀 능소화를 사랑한 죄
꽃잎을 타고 오르가즘은 죽어가고 있다

저 해안선에서 이쪽 해안선으로
비가 내리기 시작한다

—「잉크가 마르기 전」 전문

요컨대, 박정선의 이번 시집에는 한 여자와 한 남자의 스토리가 여럿 담겨 있는 것을 알 수 있다. 한 여자와 한 남자는 사랑이라는 사건 안에서 늘 만나고 헤어지고 떠나고 찾아 나서기를 반복한다. 물론 첫사랑의 사건은 다소 중요하게 회자(膾炙)된다. 사랑은 반복해도 항상 결말은 같다. 늘 가두리가 되고 마는, 동굴로 점철되는, 누군가의 탈주와 계약 위반으로 끝나는 이야기. 어쩌면 우리가 이미 잘 아는, 지금 여기의 일상에서 각본 없이도 충분히 잘 연기하고 있는 대본들과도 유사하다. 알면서도 속아 넘어가는 이야기, 이야기들. 결말을 뻔히 알면서도 시작 버튼을 누르게 되는 게임. 중독되기 십상이다. 박정선의 이번 시집에는 소소하고 일상적인 그러나 때로는 지리멸렬한 사람과 사람의 이야기들이 섬세하고도 리얼하게 담겨 있다. 사랑으로 얽힌 아니마와 아니무스의 화신들이 한 동굴 속에 혹은 한 사람 안에 갇혀 있으며, 그들은 서로를 옥죄는 동시에 포옹하고 키스하며 탄식하고 원망한다. 사랑하지만 증오하고 살아있지만 죽어있는 사람들. 자유를 반납하고 사랑의 혹은 일상의 쳇바퀴를 도는 이들의 어두운 자의식이 잔뜩 스며 있다. 한때 사랑이라 불렀던 감옥 속으로 자발적으로 걸어 들어가 문을 걸어 잠근 그들의 '가두리' 이야기, 스스로가 서로를 감금시키면서 시작과 동시에 끝이 되는 사랑의 이야기가 바로 그것이다. 가면을 쓰고 연기하는 그들, 타협을 꿈꾸며, 때때로 반칙하면서 발칙한 상상을 하는 그들. 그들을 관망하는 화자의 시선이 시의 타래에 깊숙하고도 오묘하게 얽혀 있다. 시인이 투사한 애증의 양가감정이 남자와 여자, 그 둘을 관망하는 제3자의 시선 안에도 병존하고 있다. 그러나 "잉크가 마르기 전"까지, 그(녀)는 쓰고 노래하고 흠뻑 젖을 것이다. 판도라의 마지막 상자 안에는 '희망'이라는 잉크가 고여 있었으니. 깊은 곳에서 길어 올리며, 힘껏 날아오르라. 목숨이라는 단 하나의 깃털, 잉크를 잔뜩 머금고 날아오를, 시인의 단단한 희망을 응원한다.

이 도서의 국립중앙도서관 출판시도서목록(CIP)은 서지정보유통지원시스템 홈페이지(http://seoji.nl.go.kr)와 국가자료공동목록시스템(http://www.nl.go.kr/kolisnet)에서 이용하실 수 있습니다.(CIP제어번호: CIP2020022765)

문학의전당 시인선 0325
잉크가 마르기 전

초판 1쇄 인쇄 2020년 6월 12일
초판 1쇄 발행 2020년 6월 19일
지은이 박정선
펴낸이 고영
책임편집 이리영
디자인 헤이존
펴낸곳 문학의전당
출판등록 제448-251002012000043호
주소 충북 단양군 적성면 도곡파랑로 178
전화 043-421-1977
전자우편 sbpoem@naver.com

ISBN 979-11-5896-471-9 03810

* 이 시집은 2020년 대전문화재단 문예진흥기금을 지원받아 제작되었습니다.